**Barbara von Stryk** wurde bei der NRZ zur Redakteurin ausgebildet und studierte anschließend Sprache und Schauspiel. Neben künstlerischen Projekten ist sie in der Aus- und Fortbildung tätig und arbeitet als Sprach- und Atemtherapeutin in Baden-Württemberg und der Schweiz.

**Evelyne Golombek** war im Erstberuf als Diplom-Sozialpädagogin in Berlin tätig, studierte danach Kunsttherapie und arbeitet seit nunmehr 30 Jahren als Kunsttherapeutin, Supervisorin und Dozentin in Süddeutschland.

Barbara von Stryk

# Palmströms Tagebuch

# in Zeiten von Corona

Mit Zeichnungen
von Evelyne Golombek

© 2020 Barbara von Stryk
Illustration: Evelyne Golombek
Verlag & Druck: tredition GmbH, Halenreie 40-44,
22359 Hamburg
ISBN: 978-3-347-10320-7 (Paperback)
　　　978-3-347-10321-4 (Hardcover)
　　　978-3-347-10322-1 (e-Book)
Bibliografische Information der Deutschen
Nationalbibliothek: Die Deutsche Nationalbibliothek
verzeichnet diese Publikation in der Deutschen
Nationalbibliografie; detaillierte bibliografische Daten sind im
Internet über http://dnb.d-nb.de abrufbar.

*Christian Morgenstern, dem Vater von*
*Palmström und Korf gewidmet*

*Wir müssen den Mut haben, kühn in das Reich der Ideen einzudringen, auch auf die Gefahr des Irrtums hin. Wer zu feig ist, um zu irren, der kann kein Kämpfer für die Wahrheit sein. Ein Irrtum, der dem Geist entspringt, ist mehr wert als eine Wahrheit, die der Plattheit entstammt. Wer nie etwas behauptet hat, was in gewissem Sinne unwahr ist, der taugt nicht zum wissenschaftlichen Denker. Aus feiger Furcht vor dem Irrtum ist unsere Wissenschaft der baren Flachheit zum Opfer gefallen.* Rudolf Steiner

# Vorwort

**Christian Morgenstern** (1871-1914) schrieb seine Galgenlieder, zu denen auch die Palmström-Geschichten gehören, mit Anfang zwanzig, „für einen lustigen Kreis" auf einem Ausflug zum sogenannten Galgenberg bei Potsdam. Als sie 1905 zum ersten Mal veröffentlicht wurden, nachdem ein Verleger sie zuvor „als zu großes Wagnis" abgelehnt hatte, bemerkt er: „Zu den Galgenliedern braucht man nichts als Unbefangenheit, Naivität, sie sind von einem großen Kind für große Kinder geschrieben. Es sind dumme kleine Schmetterlinge, auf der Wiese **geistiger Freiheit** gefangen". Von diesem Bild habe ich mich in den letzten Monaten leiten lassen. Der verträumte Palmström und der geistreiche Herr von Korf sind zwei liebenswerte Fantasiegestalten, deren überraschend origineller Umgang mit dem Leben und dessen Fragestellungen belustigen, aber auch zum Nachdenken anregen können. In verblüffender Einfachheit bieten sie Lösungen für fast jedes Problem und zeigen, dass manches oft anders ist, als es erscheinen mag. So sind sie als eine Art erste Querdenker in die Literatur eingegangen.

In der, noch vor wenigen Monaten unvorstellbaren Situation eines weltweiten Ausnahmezustandes, hat mir die Betrachtungsweise von Palmström und Korf geholfen, die unfassbaren Ereignisse zu verarbeiten. Dabei habe ich versucht, möglichst viele Aspekte und

Facetten der unterschiedlichen menschlichen Gefühle und Überlegungen in Palmströms Tagebuch mit einzubeziehen. Es handelt sich nicht nur um persönliche Erfahrungen und eigene Stimmungen, sondern auch um Manches, was mir von anderen zugetragen wurde. Nie zuvor habe ich mit so vielen mir bis dahin unbekannten Menschen das Gespräch gesucht und bin dankbar für die Offenheit und das Vertrauen, die mir bei dieser privaten Meinungsumfrage entgegengebracht wurden. Ratlosigkeit, Wut, Empörung, Trauer, Angst aber auch Freude und Dankbarkeit für die unerwartete Ruhe und Auszeit prägten diesen Austausch. Ebenso lieferten mir die wechselnden Pressemeldungen und Regierungsbeschlüsse, die zu den verschiedenen, oft genug widersprüchlichen Maßnahmen führten, die jeweilige Aktualität.

Ohne Zweifel kann Covid 19 zu schweren Erkrankungen und zum Tod führen, jedoch gibt es noch viele unbeantwortete Fragen: War der Umfang der Maßnahmen wirklich angemessen? Wie groß werden die Kollateralschäden sein und wie lange werden wir an den Folgen zu tragen haben? Wird die Angst vor einer möglichen Ansteckung auf Dauer für unsere Gesellschaft vielleicht gravierendere Folgen haben als das Virus selbst? Genügt es wirklich, ausschließlich die physische

Gesundheit in den Focus zu nehmen und die Faktoren der psychischen, sozialen, ethischen, kulturellen und gesellschaftlichen Gesundheit außer Acht zu lassen? Hängt das, was unser Leben schützt und lebenswert macht, wirklich nur von Hygienemaßnahmen, Impfungen und einer zunehmenden Digitalisierung ab? Geht es vielleicht um etwas ganz anderes, wenn es um den Menschen geht? An dieser Stelle möchte ich auch Dr. Bodo Schiffmann aus der Schwindelambulanz in Sinsheim danken, der in seinen zahlreichen Beiträgen sehr authentisch, mit gesundem Menschenverstand, Mut und Ausdauer nach Antworten gesucht hat.

Seitdem in einem nie dagewesenen Umfang unsere gewohnten Lebensabläufe erst angehalten und dann einschneidend verändert wurden, haben sich in den letzten Monaten viele Menschen gefragt, ob das, was geschieht Wirklichkeit, oder nur ein schlechter Traum ist. Vielleicht wäre alles einfacher gewesen, wenn man die Entscheidungen Palmström übergeben hätte... Christian Morgenstern lässt diesen auf seine Weise mit einer „unmögliche Tatsache" umgehen:

*Eingehüllt in feuchte Tücher,*
*prüft er die Gesetzesbücher....*
*Und er kommt zu dem Ergebnis:*
*nur ein Traum war das Erlebnis,*
*weil, so schließt er messerscharf,*
*nicht sein kann, was nicht sein darf.*

So möchte ich Sie, liebe Leser, mit einem Lächeln dazu auffordern, ein wenig über die Phänomene unserer Zeit nachzudenken und wünsche uns allen, dass die Welt in nicht zu fernen Zeiten aus der Pandemie der Angst zu neuen Kräften erwachen möge.

# Das Virus

Palmström sucht für die Corona- Krise
Eine Lösung und er findet diese,
Welche recht besehen logisch klingt
Und der Welt die beste Hilfe bringt.
Um sie schnellstens zu verifizieren,
Kommt von Korf (ganz ohne sich zu zieren)
Nächtlich angeschlichen trotz Verboten,
Welche ihm mit hohen Strafen drohten.
Denn das Virus hockt an allen Ecken,
Deshalb muss sich jeder Mensch verstecken.

Palmströms Plan ist einfach zu verstehen:
Um der Seuche Plagen zu entgehen
Und die Freiheit wieder zu erlangen,
Gilt es nun, das Virus einzufangen:
Da der Ursprung der Corona-Viren
Nicht im Menschen ist, sondern in Tieren,
Soll'n die Flüchtigen mit etwas Glück
Schnellstens wieder in ihr Heim zurück.

Korf erfindet deshalb eine Drohne
Und, damit der schlaue Fang sich lohne,
knüpft er kunstvoll Garn zu feinen Netzen
und beginnt die Virenbrut zu hetzen...

Unbemerkt im frühen Morgengrauen
Schwebt die Drohne über Feld und Auen,
Über Straßen, Wälder, Stadt und Land
Bis der letzte Feind ins Netz gebannt.

Palmström aber läuft zum Nachbarhaus
Und sucht sich den größten Hammel aus.
Als das Netz sich öffnet purzeln munter
Tausend Viren auf sein Fell herunter.
Flink (für alle sicherlich ein Schock)
Wird ersäuft im Meer der Sündenbock.
Glücklich sitzen beide dann am Strand,
denn gerettet ist das Vaterland!

# Woher stammt der Mensch?

Palmström wundert sich in diesen Tagen
Was die Menschen alles so ertragen.
Wie sie Lämmern gleich zur Schlachtbank laufen
Freiheit gar zum Schleuderpreis verkaufen,
Alles fraglos mit sich machen lassen -
Palmström kann das nicht verstehn und fassen.
Deshalb sinnt er, ob nicht in der Tat
Darwin gab der Welt den falschen Rat
Und der Mensch nicht von den Affen stamme,
Sondern doch vom Hammel oder Lamme.
Auch der Esel käme da in Frage
Als Erklärung für die Weltenlage.
Palmström forscht mit Korf, der gern bereit,
seine Bücher und sein Wissen leiht.
Als sie sorglich das Gespinst entwirren
Ist es klar: die Biologen irren!

Denn es ist so, dass in diesem Land
Menschen für der Wissenschaftler Stand
Nur als Herdentiere wahrgenommen,
Welche ohne Stall und Zaun verkommen.

Doch die Frage nach Immunität
Hat für Herden andre Qualität,
Als für Menschen, die nach Freiheit streben,
Und die eignen Lebensträume weben.
Tiere-das ist sicher ein Gebot
Sperrt man ein in Zeiten großer Not.
Korf und Palmström suchen in den Akten
Wer vom Amt verantwortlich für Fakten
Die in Wirklichkeit ganz anders zählten,
Wenn sie Menschen nicht zu Tieren wählten.

Palmström wünschte, dass es nicht so wär´.
Doch Besagter ist: Veterinär…

## Das Grab

Palmström, ganz in schwarzes Tuch gekleidet,
Zieht des Weges und man sieht: er leidet.
Kummervoll gebückt setzt er den Schritt
Und der Gram der Welt zieht mit ihm mit.
Vor ihm sieht man einen Esel schreiten,
Vollbeladen mit Besonderheiten.
Einen Sarg trägt er aus dunklem Holz,
Räucherwerk und Kränze voller Stolz.
Korf, den Abstand von zwei Metern wahrend,
Und auch sonst sich sonderbar gebarend,
Mit Talar und goldbesticktem Tuch,
Trägt in seinen Händen Kelch und Buch.

So erreichen sie die Friedhofsmauer
Und sie graben schweigend voller Trauer
Unter einem Busch mit Dornenrosen,
Neben Veilchen, gelben Moos-Mimosen
Eine Grube für den Sarg und leise
Wird begraben, was geheimer Weise
In Coronas Schatten umgekommen,
Erst die menschliche Vernunft genommen,
Dann der Freiheit höchstes Gut geknebelt
Und das Recht auf diese ausgehebelt.

Alles tragen sie nun still zu Grabe,
(Schaurig krächzt im Baume Ralf, der Rabe*.)
Und von Korf spricht einen frommen Segen:
Millionen Menschen sollte das bewegen...
Doch Kontaktverbot ließ leider keinen
Der Geladnen zu- es ist zum Weinen.

*Der Rabe Ralf entstammt einem Gedicht von Christian
Morgenstern

# Numerologie

Palmström irritiert in diesen Tagen,
Was die Menschen über Zahlen sagen,
Wie sie morgens schon das Sterben messen,
Husten, Grippe, Schnupfen schlicht vergessen,
Virenproben nehmen von Gesunden,
Infizierte-wenn symptomfrei- runden
Zu den Menschen, die in diesen Tagen
(Jeden Winter muss man sie beklagen)
Sterben müssen, weil sie alt und krank.
Tut man das, weil die Statistik sank?

Palmström sehnt von Herzen sich zurück
Zu den alten Zeiten voller Glück,
Wo man sich in froher Unschuld sonnte
Und noch ungezählt versterben konnte.
Ach, er hadert mit der Welt und bangt,
Welche Zahl auf *seinem* Grabstein prangt....

## Cave Virus!

Palmström will der neuen Nachbarin
Blumen bringen- sicher ein Gewinn,
Der Gesprächen so von Zaun zu Zaun,
Förderlich: „nun ja, wir werden schaun",
denkt er, als er die Krawatte bindet
Und im Spiegel sich recht proper findet:
So von Kopf bis Fuße wie geschniegelt,
(Selbst die Hosenfalten sind gebügelt).

Mit beschwingten Schritten geht er aus
Und steht bald am Garten vor dem Haus
Jener Holden, der sein Träumen gilt.
Doch dort warnt ihn brüsk ein rotes Schild.
Aufgemalt auf dunklen Tannenbrettern
Steht die Drohung dort in schwarzen Lettern:
Vorsicht! Wer hinein sich wagt, den beißt
Stracks ein Virus, das Corona heißt.

Palmströmt liest `s und flüchtet voll Entsetzen,
ehe sie das Virus auf ihn hetzen!

# Relativ

Palmström macht heut eine Grübel-Pause
Und sitzt still vergnügt in seiner Klause.
Viele Menschen haben ihm geschrieben,
Dass sie die Corona-Krise lieben,
Welche unversehens landesweit
Kraft und Ruhe schenkt- und sehr viel Zeit:
Statt dem üblichen Verkehrsgewimmel
Sind die Straßen leer und frei der Himmel.
Keiner muss gehetzt zur Arbeit laufen,
Oder massenweise Unsinn kaufen.
Eltern spielen froh mit ihren Kindern,
Kein Termindruck kann sie daran hindern,
Jeder darf den Frühling froh genießen
Und sich freuen an dem Blüh´n und Sprießen.

Korf jedoch will weiter Welten retten
Und stört Palmströms Frieden mit Gazetten,
Wo geschrieben steht, wie groß die Plagen
Sind für viele in Coronas Tagen:
Eingesperrt in engen Stadtquartieren,
Sieht man Kinder aus den Fenstern stieren.

Menschen müssen ihren Nachwuchs hüten,
Während Arbeitgeber online wüten.
Und kein Frühlingsgrün erhellt die Mauern,
Wenn sie klagend um die Zukunft trauern.
Palmström winkt von Korf verstört vorbei,
denn es scheint ihm gänzlich einerlei:
Was den einen Menschen gut und recht
Ist für alle andern furchtbar schlecht.

# Maskerade

Palmström liebt es sehr, sich zu maskieren
Um auf diese Weise zu probieren,
Ob mit fremder Nase, Mund und Blick
Er verwandeln könne sein Geschick.
Trägt er Bart und dunkle Augenbrauen
Scheint die Welt ihm nicht so recht zu trauen.
Doch mit vollen Lippen, roten Wangen
Kann er leicht die Gunst zurückerlangen.
Brille, Falten oder blaue Augen
Können ebenfalls zu manchem taugen.
Diesen bunten Maskeraden-Reigen
Will er gerne auch von Korfen zeigen.
Doch der mag die vielen Larven nicht
Und sieht es als erste Bürgerpflicht
Unvermummt der ganzen Welt zu zeigen,
Wer er ist. Da ist von Korf sehr eigen.

Deshalb wundert Palmström sich doch sehr,
Als der Freund mit Zeitung und Gewehr
Masken schwenkend vor dem Haus erscheint,
Weil das Virus nun als Menschenfeind
Jedermann bedroht der atmen tut-
Korf ist tief verstört und voller Wut.
Palmström denkt: wenn das Maskieren Pflicht,
Fehlt der Spaß; und das gefällt ihm nicht.
Er verlegt sich aufs Grimassenschneiden
Und erschreckt, die sich in Masken kleiden.

## Seelenübungen in Zeiten von Corona *

Palmström hat vom Freunde Korf erfahren,
Dass es gut sei, menschliches Gebaren
Nicht durch trägen Eigennutz zu trüben,
Sondern täglich Disziplin zu üben,
Fünf verschied'ne Tugenden zu schulen
Um Gewohnheiten so umzuspulen,
Dass der Mensch sich wesenhaft verfeinert
Und der Schweinehund sich stets verkleinert.
Palmström nimmt erfreut das Übungsbuch
Und beginnt sogleich mit dem Versuch

*Frei nach den Nebenübungen von Rudolf Steiner

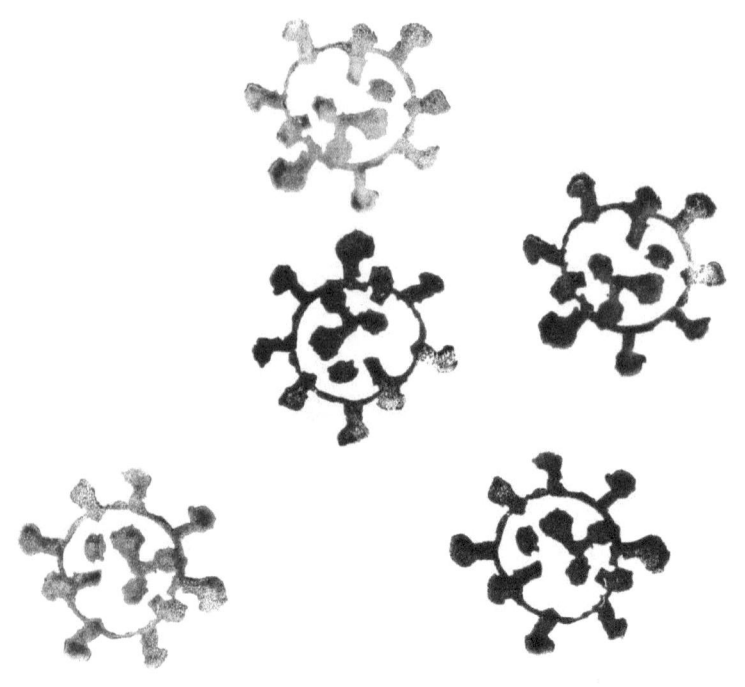

# I. Gedankenkontrolle

Palmström nimmt sich einen Edelstein
Und versenkt sich ganz in ihn hinein.
Keinerlei Gedanken dürfen stören,
Die nicht zu dem Thema „Stein" gehören.
Und er denkt, vom Mineral gebannt,
Wie er einst es fand im Schweizerland:
Ach, wie gerne würde er dort wandern,
Wenn das Virus ihn nicht und die andern
Fort von jedem Reiseziel entrückte...
Wie man sieht, des Geistes Zucht missglückte:
1000 Bilder ziehen um die Ecke,
Doch der Stein blieb dabei auf der Strecke.
Listig greift er jetzt zu einer Nadel:
Diese wird ihn sicher ohne Tadel
Von dem Virus-Thema weit entführen...
Doch sein Geist lässt leider sich berühren
Vom Gedenken an die Schneiderin,
Die jetzt ohne jeglichen Gewinn
Miete zahlen muss und Hunger leidet,
Da befohlen ward, dass man sie meidet.
Auch die Nadel hat er so verloren:
Er scheint nicht zum Denker auserkoren.

Palmström weiß, der guten Ding sind drei-
Und so greift er aus dem Einerlei
Seines Zimmers einen braunen Kamm
(Fein gesägt aus eines Ahorns Stamm).
Still beschreibt er dessen Qualität,
Merkt hingegen nicht, wie er gerät
Wiederum in falsche Denkerbahnen,
Die kein Mensch im Voraus konnte ahnen.
Denn er fragt sich jetzt, fast ohne Hoffen,
Wann Frisiersalons denn wieder offen...

Korf entscheidet, mäßig nur erheitert,
Dass die Übung hiermit ist gescheitert,
Denn die Viren haben ungeniert
Palmströms Denken quasi ausradiert.

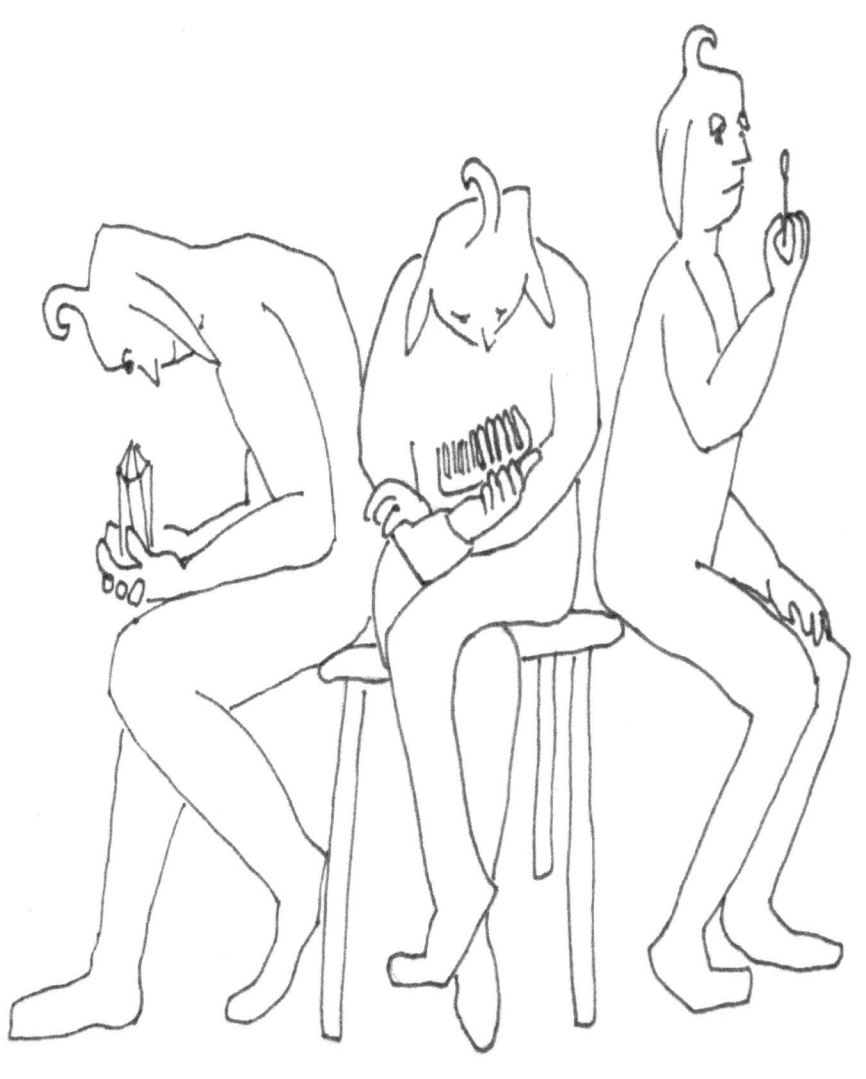

## II. Disziplin

Palmström will jetzt gar nichts mehr,
Alles scheint ihm fad und leer.
Das, was er gern wollen würde
Hindert die Corona-Bürde.
Jedes Buch hat er gelesen,
Ist im Garten oft gewesen,
Auch im Wald und auf der Flur-
Aber immer nur Natur
Kann ihn jetzt nicht mehr beglücken.
Weil er nicht aus freien Stücken
Leben kann so wie er will
Steht für ihn das Leben still.
Kummervoll und tief vergrämt
Starrt er vor sich hin, gelähmt.
Selbst die Hände hoch zu heben
Scheint zu viel für dieses Leben...
Korf stellt schnell die Diagnose
Einer Willens-Zwangsneurose,
Nur im umgekehrten Sinn,
Deshalb weist er darauf hin,
Dass – wer wirklich frei sich nennt-
Keinen Zwang von außen kennt.

So soll Palmström aus dem Trüben
Sich erheben und jetzt üben,
(Täglich und zur gleichen Zeit)
Seines Wesens Eigenheit
Gänzlich einfach und im Stillen
Zu erziehn den freien Willen
Und ganz ohne Sinn und Nutzen
Etwas gießen oder putzen.

Palmström kauft sich eine Blume,
Feingedüngt mit Kompostkrume,
Gießt sie täglich um halb acht---
Schläft dann weiter Tag und Nacht,
Hoffend auf Coronas Ende
Während froh und sehr behände
Blatt und Trieb zur Decke ranken
Und ihm für die Treue danken.

## III. Gleichmut

Palmström, sehr bemüht Gefühle,
Nicht mehr nach dem alten Stile
Auszuleben x-beliebig,
Wird darüber krank und kiebig.
Beim Beobachten der vielen
Stimmungen, die mit ihm spielen,
Will er letztlich gar nicht wissen,
Was ihn hin- und hergerissen.
Fühlt nur seltsam sich entfremdet,
Wie mit falschem Stoff behemdet,
Wenn er Seelendisziplinen,
Die bisher natürlich schienen,
Untersucht, sortiert und regelt,
Und mit falscher Flagge segelt.
Sich verbieten, was verboten,
Herz und Zunge zu verknoten,
Lässt ihn endlich im Gewühle
Des Bemühens die Gefühle
Gar nicht mehr als solche fühlen-
Während Herz und Sinn verkühlen.
Ob er lacht, ob zürnt und weint:
Palmström stets als der erscheint,
Der er ist — so gibt er auf,
und lässt allem seinen Lauf....

Korf meint, in Coronas Zeiten
Tut es Not hier einzuschreiten,
Dass durch Ruhe sich die Seele
Nicht mehr durch die Krise quäle.
Er, der freie Mensch und Meister
Kann entscheiden, welche Geister
Er beschwört, und welche nicht -
Und sein lächelndes Gesicht
Flugs in strenge Falten legen,
Oder aber (was von Segen),
Klug parlieren sehr behend´
Selbst wenn seine Seele brennt.
Und damit ihm jeder glaubt
Baut er sich ein Janushaupt.
Braucht nur noch den Kopf zu wenden,
Um Gespräche zu beenden,
Die ihm nicht zu passen scheinen
Und ist so mit sich im Reinen.
Wechselt, ohne nur zu zaudern,
Dass selbst Palmströms Sinne schaudern.

# IV. Positivität

Heute geht´s um Positivität,
Denn die stärkt die Lebensqualität.
Kummervoll muss Palmström eingestehen,
Dass er alles nur noch schwarzgesehen,
Und er sich die langen letzten Wochen
Ganz in schnödem Missmut hat verkrochen.
Korf erfindet eilig eine Brille,
Welche rosarot des Menschen Wille
Auf das Gute dieser Krise lenkt
Und dem Freunde Glück und Frieden schenkt.

Palmström sitzt und sinnt die halbe Nacht...
Als er dann am Morgen spät erwacht
Dankt er dem Corona-Virus sehr:
Klar und sauber zeigt sich jetzt das Meer
Vor Venedig tummeln sich Delfine,
Fröhlich summt der Käfer und die Biene,
Menschen helfen Menschen- und so tut
Es der Welt doch irgendwie auch gut,
Still zu halten und sich zu besinnen.
Die Natur kann dabei nur gewinnen!

## V. Unbefangenheit

Palmström fühlt sich missverstanden,
Weil er spürt, in diesen Landen
Gilt, wer anders denkt und ist,
Gleich als Feind und Extremist.
Ernsthaft hat er seine Meinung
Streng geprüft auf ihre Eignung.
Doch will er sie offen sagen,
Muss er Spott und Hohn ertragen:
Von der Impfung nur zu sprechen,
Wird man bald als Straftat rächen.

Palmström ist von sanftem Wesen
Und er leidet an den Thesen
Dieser Welt. Doch Korf´s Geschick
Lenkt aufs eigne Fehl den Blick
Denn beim steten Kritisieren,
Trauern, Ärgern, Korrigieren,
Hat auch Palmström übersehen,
Dass im Pandemie-Geschehen
Er die Menschen-Meinungs-Massen
Selbst geteilt in feste Klassen,
Und nach Land, Partei und Geld
Manches Urteil schnell gefällt.

Deshalb soll er jetzt der alten
Denkungsart sich strikt enthalten-
Unbefangen alle Worte
(Ganz egal von welchem Orte)
Hören, und dann ganz im Stillen,
Prüfen sie auf Geist und Willen.

Schon will Palmström widersprechen,
Doch er kennt jetzt sein Gebrechen,
Sich im Grübeln oder Träumen
Eigne Rechte einzuräumen.
Fest verschließt er seinen Mund
Und tut dann dem Freunde kund:
Schwer ist's beim Corona-Treiben
Herr im eignen Haus zu bleiben…

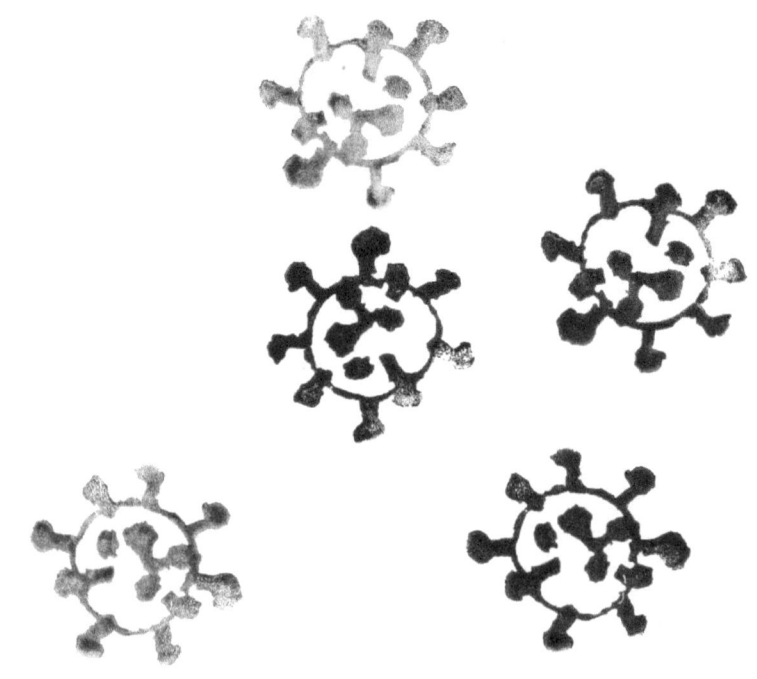

# Gute Neuigkeiten

Palmström weiß nicht ob er lachen
Oder weinen soll: die Sachen,
Publiziert mit viel Genuss
Schüren Unmut und Verdruss.
Tausendmal hat er gehört,
Was ihn immer mehr verstört,
Gleiche Worte, Sätze, Thesen,
Mal gesprochen, mal gelesen,
Wie er schaltet, zappt und sucht,
Selbst im Blatt, das er gebucht,
Stetig sind's dieselben Sprüche
Aus des Amts Gerüchteküche:
Deutschland im Corona-Fieber!
Aufgepasst! Versteckt euch lieber!
Wer sich umdreht oder lacht,
Wird vom Virus platt gemacht.
Seit drei Wochen tönt der Chor:
Der Countdown steht erst bevor!
Überall droht jetzt Gefahr-
Palmström fragt sich: ist das wahr?
Er versteht nicht, dass so viele
Menschen in dem gleichen Spiele
Mit versteinertem Gesicht
Reden so, als gäb's sie nicht.

Deshalb schleicht er in der Nacht,
Sorglich durch von Korf bewacht,
(Der im Falle der Gefahr
Pfeifen wird so wie ein Star),
Durch rot-weiß gestreifte Bänder
Insgeheim zum Fernsehsender.
Leise tappt er durch die Gänge,
meidet Licht und Kabelstränge, -
Und betritt so punktgenau
Das Parkett der Tagesschau.
Doch zur besten Sendezeit
Gähnt dort Leere weit und breit.
Alle Sprecher sind aus Pappe,
Selbst die Kanzlerin Attrappe!
Und vom Tonband spult es wieder:
Deutschland im Corona-Fieber...
Palmström ahnt, die ganze Bande
Flüchtete in andre Lande
Floh vielleicht hinauf zum Mars,
Weit entfernt vom Virus SARS.
Palmström greift zum Mikrofon,
Demaskiert die Illusion,
und erklärt jetzt für beendet,
Was die Menschen so geblendet.

## Die Gegen-App

Korf hat aus dem Radio erfahren,
Dass die Technik in den nächsten Jahren
Mittels einer App die Menschen warnen
Wird, wenn Viren feindlich sie umgarnen.
Jeder der Betroffnen kann dann fliehen
Und woanders seiner Wege ziehen.
Korf jedoch setzt eher auf die Herden,
Damit alle schnell immuner werden
Und Corona friedevoll und satt
Kein Interesse mehr am Menschen hat.
Denn so kehren bald mit List und Glück
Recht und Freiheit für das Volk zurück.
Er erfindet eine Zwischenschaltung,
Die der App die sichere Verwaltung
Aller relevanten Daten schenkt
Und sie dann auf Korfens Leitung lenkt.
Jetzt muss man die Kranken nicht mehr fliehen:
Korf lässt diese zu den Menschen ziehen,
Die bisher noch ohne Schnupfen leben,
Um das Virus an sie abzugeben.
Und statt medialer Mundschutz- Warnung
Führt die App zu herzlicher Umarmung.
Palmström ist begeistert von dem Streich
Und umarmt den klugen Freund sogleich.

# Depression

Palmström fühlt sich deprimiert,
Denn er kann nicht ungeniert
Sich des frühen Frühlings freuen,
Überall sieht er die neuen
Tafeln mit dem, was verboten,
durchgestrichen mit den roten
Balken, die ihn jederzeit
Warnen: Covid ist nicht weit!
Vor dem Kaufen, Laufen, Essen
Händewaschen nicht vergessen!
Die Kultur schließt Saal und Haus,
Alle Feste fallen aus!

Gerne würde er jetzt sitzen,
Im Café die Ohren spitzen,
Hören, was die Menschen sagen,
Sehen, wie sie sich betragen,
Lächelnd Cappuccino schlürfen:
Dieses alles nicht zu dürfen
Auch die Freunde nicht besuchen,
Keine Fahrt ins Ausland buchen—

Ach, er fühlt sich eingeengt,
Von Statistiken bedrängt,
Und er grübelt, ob das Streben
Nach Unsterblichkeit dem Leben
Ohne Freiheit vorzuziehen?
Nein! denkt er. Doch wohin fliehen?

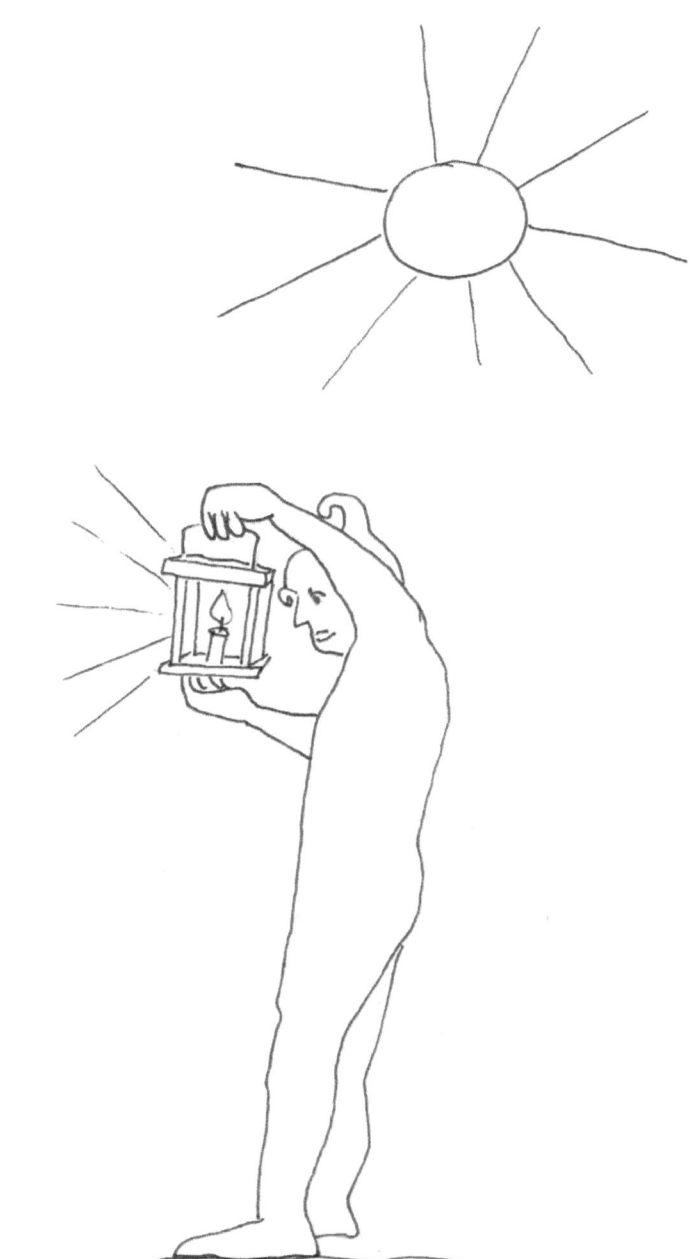

# Der Aufruf

Korf, der sich der Wissenschaft verpflichtet
Und auch schon als Advokat geschlichtet,
Hat in mancher müden Morgenstunde
Sich vertieft in die Gesetzeskunde.
Und so kommt er letztlich zu dem Schluss,
Dass der Spuk ein Ende haben muss.

Denn das Schutzgesetz für Infektionen
Kann nicht mit Verboten oder Drohnen,
Zeppelinen, Polizeikontrollen
Strafen das, was freie Menschen wollen.
Während Medien die Welt vernebeln
Sucht man jetzt, Gesetze auszuhebeln.
Dieses duldet die Verfassung nicht.
Eilig stellt er Antrag bei Gericht
Und ruft alle Bürger, die es wagen,
Sich zu sammeln in den nächsten Tagen
(Mit zwei Metern Abstand, das ist klar),
Widerstand zu leisten trotz Gefahr.

Endlich kommt der Freiheit großer Tag.
Korf steht auf dem Platz, - der Glockenschlag
Kündet hoffnungsfroh die volle Stunde...
Aber gähnend leer bleibt rings die Runde.

Palmström nur winkt treulich aus der Ferne
Menschen suchend mit der Sturmlaterne*.
Schließlich sieht von Korf die Sache ein:
Wer zur Wahrheit wandert, geht allein...

*Nach einer Anekdote suchte der antike griechische
Philosoph Diogenes von Sinope mit seiner Laterne bei
hellem Tageslicht auf dem Marktplatz nach dem wahren
Menschen.

## WER?

Korf nennt Palmström seinen neuen Plan:
Besser ists, man fängt von vorne an,
Und stellt sich die Frage aller Fragen,
Wer das Sagen hat in diesen Tagen.
Und vor allem, wer wird profitieren,
Von der Panik durch Corona-Viren?
Korf ermittelt, dass seit vielen Jahren
Institute ähnliche Verfahren
Durchgespielt und ausgerechnet haben,
Was zu tun sei und auch welche Gaben
Man verabreicht zur Zufriedenheit,
wenn die Menschen endlich impfbereit.
Fest und sicher zeigen sich verbandelt
Alle, welche dieses ausgehandelt,
Mit dem Ziele, dass die Menschenherde
Nicht immun, doch ihnen hörig werde.
Korf sucht jetzt geschwind in allen Sprachen
Jene, die das Grundgesetz zerbrachen:
Wer, fragt er den Freund, qui, quem und **who**?
Lieber Palmström, sage, was meinst du"?
Plötzlich aber scheints, als ob die Frage
Insgeheim die Antwort in sich trage...
Korf erblasst. Ist hier etwa das Nomen
(Wie im alten Rom es hieß) auch Omen?

## Paradoxon I

Palmström möchte nicht mehr hadern
Mit der Welt. In seinen Adern
Floss zu lange schwarzes Blut.
So beschließt er: es ist gut,
Wie's auch kommt, - denn ohne Licht
Gibt es Schatten schließlich nicht.
Wieder greift er zur Laterne
Und sieht nach, aus welcher Ferne
Wohl das Licht quillt-aber da
Merkt er, dass das Gute nah:
Menschen sieht er Abstand halten
Und vermummt ihr Sein gestalten.
Jedoch wacher sind die Blicke,
Intressiert an dem Geschicke,
Das die andern in den Zeiten
Von Corona jetzt bestreiten.
Selbst der Fremde stellt sich Fragen,
Was der Bruder muss ertragen,
Trost und Hilfe gibt man heiter
Gerne an den andern weiter.

Palmström staunt, wie erst durchs Trennen
Sich die Menschen neu erkennen
Und die paradoxe Welt
Das vereint, was Abstand hält.
Was der Virus-Wahn verbot,
Ist jetzt wieder gut im Lot,
Weil Umarmungen der Seele
Stärker wirken als Befehle.

## Paradoxon II

Korf ist froh, dass Palmström jetzt
Wieder Welt und Leben schätzt,
Hoffend, dass des Bösen Kraft
Letzten Endes Gutes schafft.
Doch sein Geist ist komplizierter,
Deshalb forscht er ungenierter
Tief in dem (was sonst verborgen),
Ursprung ist für Gram und Sorgen.
Schau, spricht Korf, des Menschen Wille
Ist die rosarote Brille,
Die er auf sich selber richtet,
Weil Erkenntnis sie vernichtet,
Dass in ihm Genuss und Gier
Stärker wüten als im Tier.
Auch wenn alle Masken tragen,
Zeigt es sich in diesen Tagen:
Was Profit und Macht regieren,
Wird Corona demaskieren.

## Idylle

Palmström denkt, wie allerliebst
Dort der kleine Vogel piepst
Und geflügelte Gesellen
Fröhlich durch die Lüfte schnellen,
Eier tragend Nester bauen,
blinzelnd in die Sonne schauen.
Palmström freut sich, wie sie nicken,
eifrig mit den Schnäbeln picken,
Raupen, Läuse, Mücken, Fliegen
Blitzschnell auch im Fluge kriegen,
Unbekümmert, dass die Welt
Im Corona-Bann verfällt.
Die Idylle sänftigt ihn,
Selig lächelnd sinkt er hin,
Während Vogelstimmen klingen
Und ihn in den Schlummer singen...
Doch im Traume kreuz und quer
Sieht er Vögel um sich her,
Flatternd fliegend, wie besessen,
Statt Insekten, Viren fressen.
Freudig wacht er auf, geweitet
Ist sein Herz, als er entschreitet.

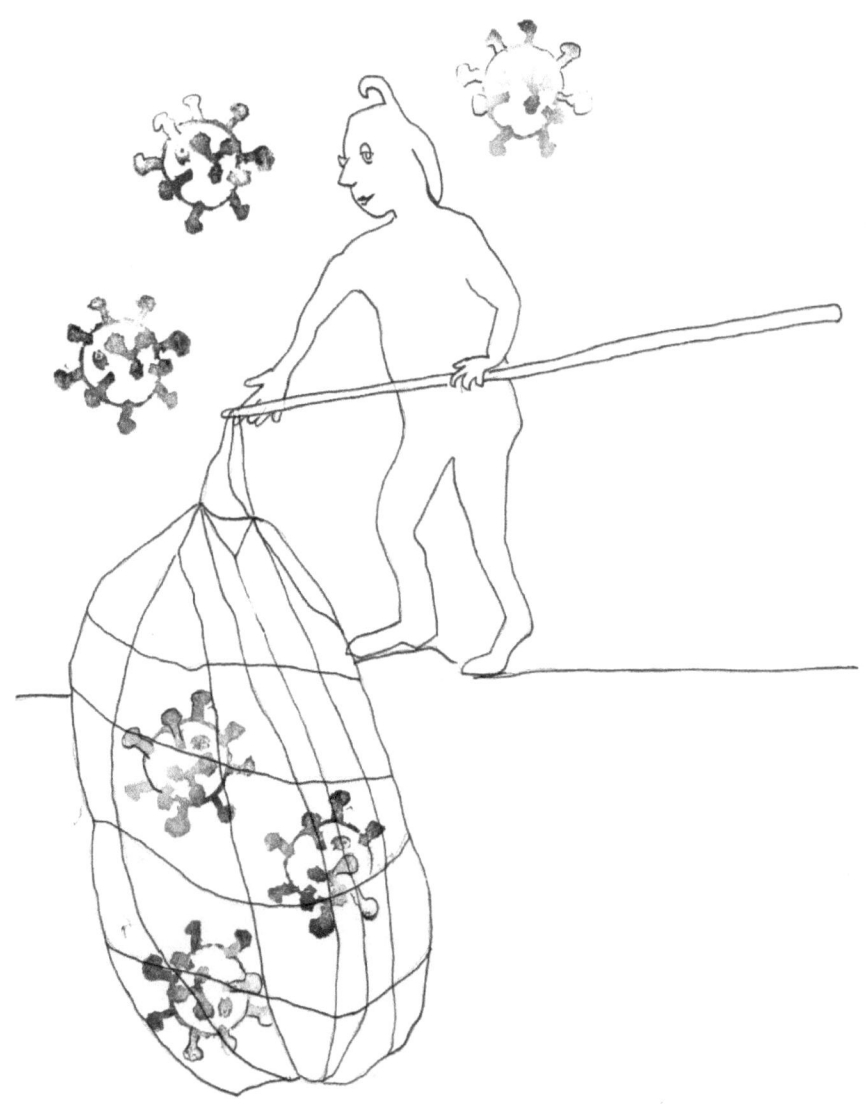

# Verschnupft

Palmström ist in großer Not,
Weil ihm jener Schnupfen droht,
Der, wenn Gras und Blüten stauben,
Ihm den freien Atem rauben.
Niesend und mit roten Augen,
Die zum Sehen nichts mehr taugen,
Will er Brot beim Bäcker kaufen-
Aber alle Menschen laufen
Schreiend fort, als sie ihn sehen,
Selbst der Bäcker bleibt nicht stehen
Und verschließt die Tür im Nu.
Auch die Post hat plötzlich zu,
Lebensmittelhändler keifen -
Palmström kann es nicht begreifen.
Einsam trollt er sich nach Haus
Und geht forthin nicht mehr aus.

Hätte Korf ihn nicht versorgt
Und ihm Brot und Milch geborgt,
Wäre Palmström eingegangen...
Doch die Presse unbefangen
Hätte ihn als „Virus-Toten"
Allen Menschen angeboten.

# Visionen

Korf erfährt, dass Forscher ausprobieren,
Einen neuen Menschen zu kreieren:
Frei von Krankheit, Armut und Verdruss,
Den die Welt von Herzen lieben muss.
Mit Computern, Pillen, Impfen, Saaten
Ist dann jeder äußerst klug beraten.
Alles soll nun endlich besser werden
Und das Paradies hinfort auf Erden.
Korf jedoch ist noch vom alten Schlage,
So verzeih man ihm die schlichte Frage
Nach dem Hintergrund und auch dem Ziel
Dieser Schöpfung- und er findet viel:
Saaten, welche keine Samen tragen,
Dünger, über die Insekten klagen,
Technik, die den Menschen an sich bindet,
überwacht und einfach neu erfindet.

Und Konzerne, welche profitieren,
Wenn sie äußerst klug die Welt regieren.
Alles Geld strömt aus den gleichen Kassen,
Die der Schöpfung höchstes Gut verprassen,
Erde, Wasser, Luft mit Gift durchsetzen
Aber plötzlich nach Gesundheit lechzen.

Korf wird schwindlig angesichts der Fragen,
Die man ihm verbietet laut zu sagen.
Er sieht Menschen, ähnlich Automaten,
Streng normiert und ohne Seelenatem...

Um das Elend wirklich auszumerzen
Setzen er und Palmström auf die Herzen.

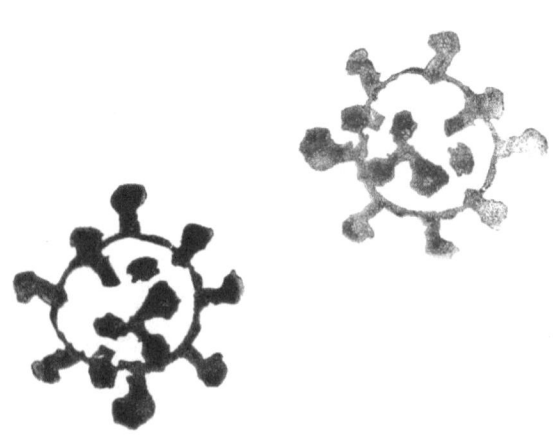

# Fernweh

Palmström liebte es, zu reisen,
Hin zu Gipfeln, Wüsten, Eisen,
Forschend nach vergangnen Spuren
Fremder Länder und Kulturen.
Jetzt muss er zu Hause bleiben,
Denn das Virus stoppt sein Treiben.
Buch und Film nur sind geblieben
Palmströms Fernweh fischt im Trüben,
Und die Dokumentation
Über Japan kennt er schon...
Während Strand und Meere locken
Muss er jetzt in Schwaben hocken.

Gähnend schläft er ein und träumt
Von dem Glück, das er versäumt-
Angelt Barsch am Rio Grande,
Reist durch Asiens schöne Lande,
Bangkok, Peking und Shanghai,
Singapur sind auch dabei.
Er erwacht mit den Gerüchen
Ferner Städte, fremder Küchen...

Doch er liegt im eignen Haus.
Halb im Traum noch geht er aus,
Er sieht Menschen Masken tragend,
Händeschütteln nicht mehr wagend,
Durch die Straßen eilig hastend,
Ängstlich nach dem Handy tastend -
All das scheint ihm wohlbekannt:
„Bin ich noch im Chinaland?"
Fragt er in das Einerlei,
Doch die Antwort ist: „Ha noi*."

Kurz darauf sitzt er mit Schelle
An der Hand in dunkler Zelle,
Denn so geht's in dieser Welt
Jedem, der nicht Abstand hält.

*Ha noi: 1. Schwäbisch= nein. 2. Hauptstadt von
Vietnam.

# Die Krone der Schöpfung

Palmström schreibt jetzt Leserbriefe:
Weil er glaubt die Menschheit schliefe,
Will er (ohne zu verschrecken)
Die Vernunft der Masse wecken,
Welche mit nur wenig Zieren
Oder höflichem Genieren,
In der Schöpfung dieser Welt
Sich für deren Krone hält.
Doch Empörung statt Verständnis
Erntet Palmström mit Befremdnis.
Beim Versuche, zu erziehen,
Wird er feindlich angespiehen,
Denn wer Viren hinterfragt,
Wird als Staatsfeind angeklagt.
Er sieht ein: Statt selbst zu denken
Lässt der Mensch sich lieber lenken…
Philosophisch kurz und tief
Schreibt er einen letzten Brief,
wo er nur noch knapp verkündet,
was das Ganze trefflich ründet:
Auf der Schöpfung höchstem Throne
Prangt jetzt die Corona-Krone*.

*Corona: griech. / lat. = Kranz, Krone

# What lives matter?

Palmström liebte es, in alten Tagen,
Vor den Zeiten der Corona-Plagen,
Sich so gut es geht, zu informieren,
Was die Journalisten diskutieren.
Neben der alltäglichen Gazette,
Las am Wochenende er im Bette
In der *Zeit*, in *Spiegel* oder *FAZ*
Und am Abend manchmal in der *taz*.
Doch das Virus machte damit Schluss:
Zeitunglesen ist nur noch Verdruss.
Wie das Fähnlein, das im Winde gaukelt,
Fühlt sich Palmström medial verschaukelt.
Als er neulich friedlich demonstriert,
Schrieb die Presse später ungeniert,
Dass nur Extremisten und Verrückte
Kritisieren staatliche Edikte.
Weil man wegen Covid doch gefährde
Viele Menschenleben dieser Erde.

Sehr verblüfft sieht Pamström jetzt in Bildern,
Wie zigtausend Menschen sich mit Schildern
Drängen dicht an dicht in allen Städten,
Um das Recht des schwarzen Volks zu retten.
Für Corona stand man weit in Kreisen,
Aber keiner wollte diese Sorgfalt preisen.

Nun, wo man auch plündert, tötet, hetzt
Sind die Presseleute nicht entsetzt.
Ja, der gleiche Herr aus Frankfurt lobt,
Dass die Menge für die Freiheit tobt:
„Eine Wohltat", schreibt er jetzt sogar,
„Trotz Corona- einfach wunderbar"!

Palmström fühlt sich völlig ausgelaugt,
Denn er weiß nicht mehr, was wem noch taugt.
Korf zuckt nur die Achseln und doziert,
Wie man schon im alten Rom regiert:
Denn der kluge Satz „Quod licet Jovi"
Endet leider mit: „non licet bovi"...*

*Lateinisch: Was Jupiter erlaubt ist, ist dem Ochsen
nicht gestattet

# Doppeldeutig

Palmström fragt: ist es zum Hohne,
Dass „Corona" nicht nur Krone
Heißt, - jedoch der schöne Name
Ziert zugleich auch jene Dame,
Die als Heilige bekannt,
Litt und starb im Morgenland?
Wie Fortuna hilft auch diese
Als Patronin aus der Krise
Jedem, der dem Glücksspiel frönt,
Was vom Klerus sonst verpönt.
Auch wer Schätze sucht im Stillen
Wird geführt von ihrem Willen…

Palmström kann das kaum ertragen
Weil jetzt neue Fragen plagen:
Wem wird wohl Corona nützen?
Welche Spieler wird sie schützen?
Und - das fährt ihm ins Gebein:
Wer wird der Verlierer sein…?*

*Die Heilige Corona oder auch Stephana ( um 160 n. Chr. , Ägypten oder Syrien) soll Legenden nach eine frühchristliche Märtyrerin gewesen sein. Sie ist nach katholischer Betrachtung die Patronin des Geldes, Glücksspiels und der Schatzgräber*.

*Quelle: Wikipedia

# Spitzeleien

Palmström hört wie die Familie
Nebenan sich trifft und viele
Menschen sich versammelt haben,
Um mit Kuchen, Wein und Gaben
So wie auch im letzten Jahr
Zu erfreu´n den Jubilar.
Es gefällt ihm, dass die Alten
Mit den Jungen es so halten,
Und die Angst der Virologen
Sie nicht um das Fest betrogen.

Doch der Nachbar um die Ecke
Lauert hinter seiner Hecke
Und ruft schnell die Polizei,
Weil es doch verboten sei,
Sich dem frohen, freien Leben
Ohne Sorgen hinzugeben.
Palmström hört ein leises Weinen
Von den Alten und den Kleinen.
Tief bekümmert will er schlichten
Und hört traurige Geschichten:
Wie die Menschen zornig hetzen,
Schnöd´ bespitzeln und verpetzen,

Kinder ihren Eltern drohten:
Aus dem Haus gehn sei verboten!
Angezischt wird (trotz Attest),
Wer die Maske unten lässt.
Wie soll sich der Mensch denn freuen,
Wenn die Welt mit ihren neuen
Regeln für Normalität
Pfeift auf Lebensqualität?

Korf beendet das Geschrei
Und baut eine Detektei,
Welche tags und nächtens offen
Für die Bürger, die betroffen.
Mittels seiner kleinsten Drohne
Jagt er jetzt die Volks-Spione.
Palmström wird mit Tee und Kuchen
Jene Menschen dann besuchen,
Die aus Angst und Einsamkeit
Sich mit aller Welt entzweit.
Dass durch menschlich-warmes Plauschen
Sie nicht mehr die Welt belauschen,
Nähe wieder neu erlernen
Und den Virus- Wahn entfernen.

# Infiziert

Palmström findet interessant,
Wie der Seele zartes Band
Selbst bei zweifelndem Bedenken
**Der** bedenkenlos kann lenken,
Welcher wortreich immer wieder
Singt die gleichen Virenlieder,
Die dann fest im Hirne nisten
Und die Herzen überlisten,
So dass, (ohne es zu wollen)
Menschen tun, was sie tun sollen.

Selbst von Korf, der doch sehr lange
Mit dem Freund frustriert und bange,
Äußerst kritisch recherchiert,
Scheint von Ängsten infiziert:
Froh hat er der Welt berichtet,
Dass die Zeichen sich verdichtet,
Ja, dass er sich sicher sei:
Mit den Viren wärs vorbei!
Doch als sei´s nur eine Phrase,
Bleibt maskiert von Korfens Nase
Und die ausgestreckte Hand
Von dem Freund wird nicht erkannt...

Palmström weist ihn darauf hin,
Dass der Schutz nun ohne Sinn.
Selbst wenn keiner es recht glaubt
Ist die Nähe jetzt erlaubt.
Glücklich über diese Wende,
Schütteln beide sich die Hände.

# Neue Solidarität

Palmström, sorglich Abstand haltend,
Seinen Einkaufsweg gestaltend,
Trägt die Maske im Gesicht
Durch das warme Frühlingslicht.
Nicht verstehend, warum alle
Tappten in die Virenfalle,
Und jetzt als Hygiene-Herde
Wandeln über diese Erde.
Aber staunend muss er sehen,
Dass im Hintergrund-Geschehen
Alles anders, als gedacht-
Was ihn äußerst glücklich macht:
Menschen schimpfen (gar nicht leise),
dass sie nicht auf diese Weise
Fremdgesteuert leben wollen,
Noch befolgen, was sie sollen.
Sie verneinen Angstbedrohung,
Sorgen sich um Volksverrohung.
Öffentlich sind sie bedeckt,
Aber heimlich und versteckt
Nehmen sie die Masken weg
Und umarmen sich im Eck.

Bürgerjournalisten melden
(Und das macht sie jetzt zu Helden):
Selbst die Polizei marschiert
Arm in Arm- und das zu viert!
Palmström kann es gar nicht glauben:
Dicht gedrängte Menschentrauben
Steigen in den Aufzug munter
Und man sieht, es sind darunter
Alle, die vor Covid warnten
Und die Welt mit Angst umgarnten.

Ohne Furcht und Strafe zeigen
Volksvertreter, dass der Reigen
Dieser Pan-Epidemie
Nur fürs Volk gilt-nicht für sie.
Doch der kritische Verstand
Wehrt sich jetzt im ganzen Land.
Palmström liebt die Menschen wieder
Und pfeift freche Freiheitslieder.

## Corona-Hilfe

Palmström`s alte Muhme Palma Kunkel
Schaut betrübt ins graue Nebeldunkel.
Lange war ihr Gasthaus auf der Wiese
Zugesperrt durch die Corona-Krise.
Doch seitdem die Türen wieder offen
Lässt das Wetter nicht auf Gäste hoffen.
Dreizehn lange Wochen schien die Sonne,
Und jetzt rauscht der Regen in die Tonne.
Palma Kunkel leidet große Qualen:
Wer wird später nur die Zeche zahlen?
Palmström findet Petrus ungerecht,
Denn der Tante geht es ziemlich schlecht.

Korf, wie immer äußerst klug im Geist
Kommt sofort zum Helfen angereist.
Schnell baut er aus Stapeln alter Bretter
Die Station für gutes Sommerwetter.
Lustig drehen sich die nimmermüden
Zeiger allesamt genau nach Süden.
Wüstenklima, blauer Himmel, Sonne
Sind für jeden Wirt ein Quell der Wonne.
Und aus Trichtern fächelt eine Brise
Zarten Blumenduft von Kunkels Wiese,
Während kleine Silberglocken klingen,
Als ob Wellen über Steine springen.

Naht sich dann ein rauer Wind aus Osten,
Der mit Regen droht und kalten Frosten,
Braucht man nur den roten Knopf zu drücken
Und zu Palmström´s seligem Entzücken
Kommt sofort (weil Korf das klug geregelt),
Ein Azorenhoch herbeigesegelt!

## Wumms mit Zahlen

Palmström mag die Zahlen nicht mehr hören,
Die seit Wochen Not und Tod beschwören:
So die Vielfalt eines Menschenlebens
Zu erfassen, scheint ihm schlicht vergebens.
Tote, Kranke, alle Infizierten,
Und auch jene, welche protestierten,
Arbeitslose, Kurzarbeiterzahlen
Bringen (gut addiert) nur neue Qualen.
Und jetzt soll ein Milliardenregen
Nur mit *Wumms* das Wirtschaftsleben pflegen?

Korf stimmt zu, denn dieses weiß man ja:
Lebensglück kommt nicht durch Algebra!
Alles kann man passend definieren,
Denn mit Zahlen lässt sich´s gut jonglieren...
Theoretisch könnte man doch fragen,
Ob es Viren gibt in diesen Tagen,
Denn das Geld, das man jetzt so behend´
Spendet, - ist ja auch nicht existent!

Palmström grämt sich, weil die Lockerungen
Ebenfalls zum Zählen ihn gezwungen.
Zollstock, Maßband sind jetzt groß im Kommen,
Und der Spaß am Bad ist ihm genommen,
Als er hört, das hundertneun Personen
Nur erlaubt sind, um die Welt zu schonen.
Was, fragt er,  wird denn mit mir geschehn,
Wenn ich bin die Nummer hundertzehn?*

*Hundertzehn=110= Notruf

# Nostalgie

Palmström und von Korf erzählen
Sich Geschichten und sie wählen
Themen, wie das Leben war,
Vor der Pandemie-Gefahr.
Voller Wehmut und in Socken
Sieht man sie zuhause hocken,
Fassungslos, wie schnell das Leben
Sich dem Virus hat ergeben.

Endlich dann, nach vielen Wochen,
Wird von oben her versprochen,
(Da die Virenzahlen fallen,
Und Gehorsam nicht bei allen
Menschen mehr zu finden ist):
Eine letzte Gnadenfrist.
Langsam sollen sich entfalten
Neue Regeln statt der alten,
Welche durch Corona starben
Und das freie Sein verdarben.

Nur mit strengen Abstandsregeln
Darf man jetzt die Welt umsegeln.
Frohsinn, Glück und Lebenslust
Schwinden unter Masken- Frust.

Diese Lockerungen locken
Beide nicht, weshalb sie hocken
Bleiben und sich selbst Geschichten
Weiterhin im Haus erdichten.

## Souvenirs

Endlich, endlich ists vorbei
Mit der Virus-Hexerei!
Palmström lässt sichs gut gedeihen
Und flaniert vergnügt im Freien:
Kinder dürfen wieder spielen
Und im Park sieht man die vielen
Menschen froh und frei versöhnt,
Während ein Konzert ertönt.
Palmström stutzt, als rechter Hand
Korf erscheint an einem Stand
Voll mit bunten Spielgestalten,
Männern, Frauen, Jungen, Alten,
Welche er in langen Stunden
Für das Wohl der Welt erfunden,
Denn (und das scheint angemessen),
Niemand sollte je vergessen,
Was in diesem Land geschah,
Als die Coronóia da.

Und so bietet Korf die Ware
An als Mahnung künftger Jahre:
Käuflich ist jetzt die Regierung,
Einzeln, Gruppe, in Legierung,
Silber, Bronze, Gold und Zinn
Sind für jeden ein Gewinn.
Und per Knopfdruck kann man hören,
Wie sie abermals beschwören
Drohende Corona-Viren,
die die Menschheit ausradieren:
Also bleibt in eurem Haus…
Doch die Menge lacht sie aus,
Denn das Pandemie-Getier
Ist jetzt nur noch: **Souvenir.**

## Kehraus

Palmström sitzt mit einer Angelrute
An dem stillen See und sucht das Gute
(In der Form von Zeichen und Symbolen),
Aus den Wasserwellen einzuholen.
Erst erscheint ein blanker Kinderdegen,
Dieser kommt ihm grade recht gelegen,
Denn als zweites hängt am Angelzügel
Ein vom Wind verwehter Mühlenflügel:
Schon sieht Palmström in Corona-Zeiten
Don Quichotte beherzt vorüber reiten.
Fünf vor zwölf zeigt eine alte Uhr,
Aus dem Grund gezogen, nebst Gravur.
Bunte Dosen mit Berliner Luft,
Zieht er zögernd aus der Felsenkluft.
Dann die rosa Brille für das Sehnen,
Nebst dem Taschentuch für viele Tränen.
Und daneben glitzert aus der Ferne
Eine Kerze für die Sturmlaterne.
Endlich noch ein Buch mit schweren Seiten,
Das ihm Kopfzerbrechen wird bereiten,
Denn es zeigt (versperrt mit vielen Riegeln):
Die Historie der Zeit- mit sieben Siegeln.
Palmström hofft, dass Korf ihm später deutet,
Was er mit dem Angelstock erbeutet...

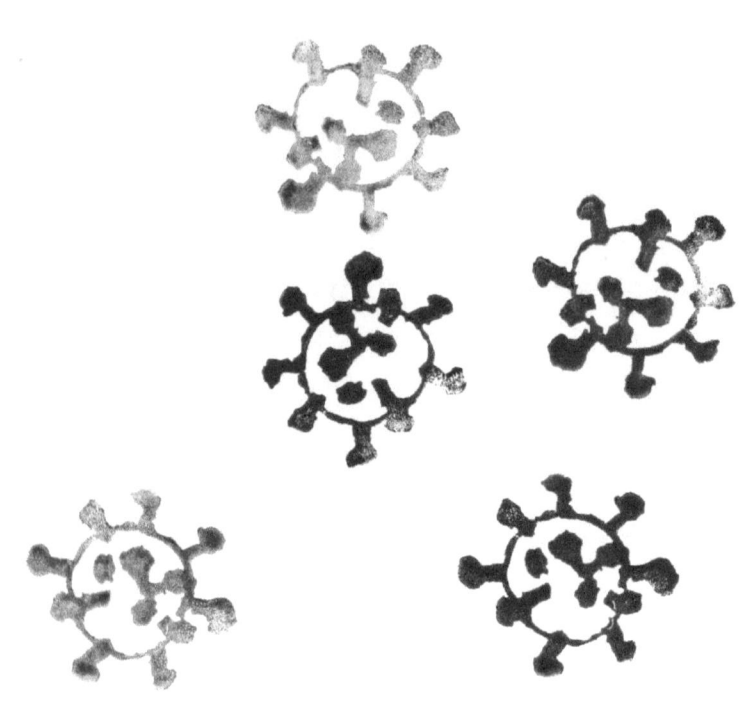

*Und weil er nicht gestorben ist,*

*lebt er noch heute...*

## Verzeichnis der Gedichte

Das Virus............................................................15

Woher stammt der Mensch?....................17

Das Grab.............................................................21

Numerologie.....................................................25

Cave Virus!.......................................................26

Relativ................................................................29

Maskerade.........................................................31

Seelenübungen...............................................35

I.Gedankenkontrolle....................................37

II.Disziplin.........................................................41

III.Gleichmut...................................................45

IV.Positivität....................................................49

V.Unbefangenheit.........................................50

Gute Neuigkeiten..........................................53

Die Gegen-App................................................55

Depression.......................................................56

Der Aufruf..........................................................61

Wer?....................................................................63

Paradoxon I........................................................64

Paradoxon II.......................................................66

Idylle................................................................67

Verschnupft.......................................................71

Visionen............................................................75

Fernweh............................................................77

Die Krone der Schöpfung.......................................81

What lives matter?...............................................82

Doppeldeutig......................................................84

Spitzeleien.........................................................87

Infiziert.............................................................89

Neue Solidarität..................................................93

Corona-Hilfe.......................................................95

Wumms mit Zahlen...............................................97

Nostalgie..........................................................101

Souvenirs..........................................................103

Kehraus............................................................105

Zeitfracht Medien GmbH
Ferdinand-Jühlke-Straße 7
99095 Erfurt, Deutschland
produktsicherheit@kolibri360.de